DELIZIOSE TORTE 2021

RICETTE SQUISITI E SEMPLICI PER SORPRENDERE I TUOI OSPITI

SARA GRILLI

Sommario

Torta dell'Angelo

Fa una torta di 23 cm/9

75 g/3 oz/¾ tazza di farina normale (per tutti gli usi)

25 g/1 oz/2 cucchiai di amido di mais (amido di mais)

Un pizzico di sale

225 g/8 oz/1 tazza di zucchero semolato (superfino)

10 albumi d'uovo

1 cucchiaio di succo di limone

1 cucchiaino di cremor tartaro

1 cucchiaino di essenza di vaniglia (estratto)

Mescolare le farine e il sale con un quarto dello zucchero e setacciare bene. Sbattere metà degli albumi con metà del succo di limone fino a renderli spumosi. Aggiungere metà del cremor tartaro e un cucchiaino di zucchero e frullare fino a formare dei picchi rigidi. Ripetere l'operazione con gli albumi rimanenti, quindi incorporarli e incorporare gradualmente lo zucchero rimanente e l'essenza di vaniglia. Incorporate molto gradualmente il composto di farina agli albumi. Versare in uno stampo ad anello a cerniera da 23 cm/9 imburrato (stampo per tubi) e cuocere in forno preriscaldato a 180°C/350°F/gas mark 4 per 45 minuti fino a quando non si rassoda al tatto. Capovolgere lo stampo su una gratella e lasciare raffreddare nello stampo prima di sformarlo.

Torta alle more

Per una torta di 18 cm/7

175 g/6 oz/¾ tazza di burro o margarina, ammorbidito

175 g/6 oz/¾ tazza di zucchero semolato (superfino)

3 uova, sbattute

175 g/6 oz/1½ tazze di farina autolievitante (autolievitante)

5 ml/1 cucchiaino di essenza di vaniglia (estratto)

300 ml/½ pt/1¼ tazze di panna doppia (pesante)

225 g/8 oz more

Montare il burro o la margarina e lo zucchero fino a ottenere un composto chiaro e spumoso. Sbattere gradualmente le uova, quindi incorporare la farina e l'essenza di vaniglia. Versare in due tortiere (teglie) imburrate e foderate da 18 cm/7 e cuocere in forno preriscaldato a 190°C/375°F/gas mark 5 per 25 minuti fino a quando non diventa elastico al tatto. Lasciare raffreddare.

Montare la panna a neve. Stendetene metà su una delle torte, disponetevi sopra le more e versate sopra la crema rimanente. Coprire con la seconda torta e servire.

Torta al Burro

Fa una torta di 23 cm/9

225 g/8 oz/1 tazza di burro o margarina, ammorbidito

450 g/1 lb/2 tazze di zucchero semolato (superfino)

5 uova, separate

250 ml/8 fl oz/1 tazza di yogurt bianco

400 g/14 oz/3½ tazze di farina (per tutti gli usi)

10 ml/2 cucchiaini di lievito per dolci

Un pizzico di sale

Montare il burro o la margarina e lo zucchero fino a ottenere un composto chiaro e spumoso. Incorporare gradualmente i tuorli e lo yogurt, quindi incorporare la farina, il lievito e il sale. Montare gli albumi a neve ben ferma, quindi incorporarli delicatamente al composto con un cucchiaio di metallo. Versare in una tortiera da 23 cm/9 imburrata (teglia) e cuocere in forno preriscaldato a 180°C/ 350°F/gas mark 4 per 45 minuti fino a doratura ed elastica al tatto. Lasciare raffreddare nello stampo per 10 minuti, quindi capovolgere su una gratella per completare il raffreddamento.

Pan di Spagna al caffè all-in-one

Fa una torta di 20 cm/8 in

100 g/4 oz/½ tazza di burro o margarina, ammorbidito

100 g/4 oz/½ tazza di zucchero semolato (superfino)

100 g/4 oz/1 tazza di farina autolievitante (autolievitante)

2,5 ml/½ cucchiaino di lievito in polvere

15 ml/1 cucchiaio di caffè istantaneo in polvere, sciolto in 10 ml/2 cucchiaini di acqua calda

2 uova

Frullare insieme tutti gli ingredienti fino a che non siano ben amalgamati. Versare in una tortiera imburrata e foderata di 20 cm/8 e cuocere in forno preriscaldato a 180°C/350°F/gas mark 4 per 30 minuti fino a quando saranno ben lievitati ed elastici al tatto.

Pan di Spagna ceco

Fa una torta di 15 x 25 cm/10 x 6 in una torta

350 g/12 oz/3 tazze di farina normale (per tutti gli usi)

100 g/4 oz/2/3 tazza di zucchero a velo (confettieri), setacciato

100 g/4 oz/1 tazza di nocciole o mandorle macinate

15 ml/1 cucchiaio di lievito per dolci

150 ml/¼ pt/2/3 tazza di latte

2 uova, leggermente sbattute

250 ml/8 fl oz/1 tazza di olio di semi di girasole

225 g/8 oz di frutta fresca

Per la glassa:

400 ml/14 fl oz/1¾ tazze di succo di frutta

20 ml/4 cucchiaino di radice di freccia

Mescolare gli ingredienti secchi. Mescolare insieme il latte, le uova e l'olio e aggiungere al composto. Versare in una tortiera da 15 x 25 cm/6 x 10 unta e cuocere in forno preriscaldato a 180°C/350°F/gas mark 4 per circa 35 minuti fino a quando non si sarà rassodata. Lasciare raffreddare.

Disponete la frutta sulla base di pan di spagna. Far bollire insieme il succo di frutta e la radice di freccia, mescolando finché non si addensa, quindi versare la glassa sulla parte superiore della torta.

Torta al miele semplice

Fa una torta di 20 cm/8 in

100 g/4 oz/½ tazza di burro o margarina, ammorbidito

25 g/1 oz/2 cucchiai di zucchero semolato (superfino)

60 ml/4 cucchiai di miele chiaro

2 uova, leggermente sbattute

175 g/6 oz/1½ tazze di farina autolievitante (autolievitante)

2,5 ml/½ cucchiaino di lievito in polvere

5 ml/1 cucchiaino di cannella in polvere

15 ml/1 cucchiaio di acqua

Sbattere tutti gli ingredienti fino a ottenere una consistenza morbida e gocciolante. Versare in una tortiera imburrata e foderata di 20 cm/8 e cuocere in forno preriscaldato a 190°C/375°F/gas mark 5 per 30 minuti fino a quando saranno ben lievitati ed elastici al tatto.

Spugna al limone tutto in uno

Fa una torta di 20 cm/8 in

100 g/4 oz/½ tazza di burro o margarina, ammorbidito

100 g/4 oz/½ tazza di zucchero semolato (superfino)

100 g/4 oz/1 tazza di farina autolievitante (autolievitante)

2,5 ml/½ cucchiaino di lievito in polvere

Buccia grattugiata di 1 limone

15 ml/1 cucchiaio di succo di limone

2 uova

Frullare insieme tutti gli ingredienti fino a che non siano ben amalgamati. Versare in una tortiera imburrata e foderata di 20 cm/8 e cuocere in forno preriscaldato a 180°C/350°F/gas mark 4 per 30 minuti fino a quando saranno ben lievitati ed elastici al tatto.

Torta al limone

Fa uno 25 cm/10 in torta

225 g/8 oz/2 tazze di farina autolievitante (autolievitante)

15 ml/1 cucchiaio di lievito per dolci

5 ml/1 cucchiaino di sale

350 g/12 oz/1½ tazze di zucchero semolato (superfino)

7 uova, separate

120 ml/4 fl oz/½ tazza di olio

175 ml/6 fl oz/¾ tazza di acqua

10 ml/2 cucchiaini di scorza di limone grattugiata

5 ml/1 cucchiaino di essenza di vaniglia (estratto)

2,5 ml/½ cucchiaino di cremor tartaro

Mescolare la farina, il lievito, il sale e lo zucchero e fare una fontana al centro. Mescolare i tuorli, l'olio, l'acqua, la scorza di limone e l'essenza di vaniglia e incorporare agli ingredienti secchi. Montare a neve gli albumi e il cremor tartaro. Incorporare al composto della torta. Versare in una tortiera (stampo) da 25 cm/10 non unta e cuocere in forno preriscaldato a 160°C/325°F/gas mark 3 per 1 ora. Spegnete il forno ma lasciate la torta per altri 8 minuti. Sfornare e capovolgere su una gratella per completare il raffreddamento.

Torta al limone

Per una torta da 900 g/2 libbre

100 g/4 oz/½ tazza di burro o margarina, ammorbidito

175 g/6 oz/¾ tazza di zucchero semolato (superfino)

2 uova, leggermente sbattute

175 g/6 oz/1½ tazze di farina autolievitante (autolievitante)

60 ml/4 cucchiai di latte

Buccia grattugiata di 1 limone

Per lo sciroppo:

60 ml/4 cucchiai di zucchero a velo (per confettieri), setacciato

45 ml/3 cucchiai di succo di limone

Montare il burro o la margarina e lo zucchero fino a ottenere un composto chiaro e spumoso. Aggiungere gradualmente le uova, poi la farina, il latte e la scorza di limone e impastare fino ad ottenere una consistenza morbida e liquida. Versare in uno stampo da plumcake imburrato e foderato da 900 g/2 lb (tegame) e cuocere in forno preriscaldato a 180°C/350°F/gas mark 4 per 45 minuti fino a quando non diventa elastico al tatto.

Mescolate lo zucchero a velo e il succo di limone e versate sulla torta appena sfornata. Lasciare raffreddare nello stampo.

Torta Limone e Vaniglia

Per una torta da 900 g/2 libbre

225 g/8 oz/1 tazza di burro o margarina, ammorbidito

450 g/1 lb/2 tazze di zucchero semolato (superfino)

4 uova, separate

350 g/12 oz/3 tazze di farina normale (per tutti gli usi)

10 ml/2 cucchiaini di lievito per dolci

200 ml/7 fl oz/scarsa 1 tazza di latte

2,5 ml/½ cucchiaino di essenza di limone (estratto)

2,5 ml/½ cucchiaino di essenza di vaniglia (estratto)

Montare a crema il burro e lo zucchero, quindi incorporare i tuorli d'uovo. Mescolare la farina e il lievito alternando con il latte. Incorporare le essenze di limone e vaniglia. Sbattere gli albumi fino a formare dei picchi morbidi, quindi incorporarli delicatamente al composto. Trasformare in uno stampo da plumcake da 900 g/ 2 lb unto e cuocere in forno preriscaldato a 150°C/300°F/gas mark 2 per 1¼ ore fino a doratura ed elastico al tatto.

Torta Madeira

Per una torta di 18 cm/7

175 g/6 oz/¾ tazza di burro o margarina, ammorbidito

175 g/6 oz/¾ tazza di zucchero semolato (superfino)

3 uova grandi

150 g/5 oz/1¼ tazze di farina autolievitante (autolievitante)

100 g/4 oz/1 tazza di farina (per tutti gli usi))

Un pizzico di sale

Buccia grattugiata e succo di ½ limone

Sbattere insieme il burro o la margarina e lo zucchero fino a ottenere un composto chiaro e morbido. Aggiungere le uova una alla volta, sbattendo bene tra ogni aggiunta. Incorporare gli ingredienti rimanenti. Versare in una tortiera (stampo) da 18 cm/7 imburrata e infarinata e livellare la superficie. Cuocere in forno preriscaldato a 160°C/325°F/gas mark 3 per 1-1¼ ore fino a doratura ed elastica al tatto. Lasciare raffreddare nello stampo per 5 minuti prima di sformare su una gratella per completare il raffreddamento.

Torta Margherita

Fa una torta di 20 cm/8 in

4 uova, separate

15 ml/1 cucchiaio di zucchero semolato (superfino)

175 g/6 oz/1½ tazze di farina (per tutti gli usi)

100 g/4 oz/1 tazza di fecola di patate

2,5 ml/½ cucchiaino di essenza di vaniglia (estratto)

25 g/1 oz/3 cucchiai di zucchero a velo (confettieri), setacciato

Sbattere i tuorli e lo zucchero fino ad ottenere un composto chiaro e cremoso. Incorporare gradualmente la farina, la fecola e l'essenza di vaniglia. Montare gli albumi a neve ben ferma e incorporarli al composto. Versare il composto in una tortiera (stampo) da 20 cm imburrata e infarinata e cuocere in forno preriscaldato a 200°C/400°F/gas mark 6 solo per 5 minuti. Sfornare la torta e fare una croce sulla superficie con un coltello affilato, quindi rimettere in forno il più velocemente possibile e cuocere per altri 5 minuti. Riducete la temperatura del forno a 180°C/350°F/gas mark 4 e infornate per altri 25 minuti fino a quando saranno ben lievitati e dorati. Lasciare raffreddare, quindi servire spolverizzate con zucchero a velo.

Torta Al Latte Caldo

Fa una torta di 23 cm/9

4 uova, leggermente sbattute

5 ml/1 cucchiaino di essenza di vaniglia (estratto)

450 g/1 lb/2 tazze di zucchero semolato

225 g/8 oz/2 tazze di farina autolievitante (autolievitante)

10 ml/2 cucchiaini di lievito per dolci

2,5 ml/½ cucchiaino di sale

250 ml/8 fl oz/1 tazza di latte

25 g/1 oz/2 cucchiai di burro o margarina

Sbattere le uova, l'essenza di vaniglia e lo zucchero fino ad ottenere un composto chiaro e spumoso. Incorporare gradualmente la farina, il lievito e il sale. In un pentolino portare a bollore il latte e il burro o la margarina, quindi unire al composto e amalgamare bene. Versare in una tortiera da 23 cm/9 imburrata e infarinata e cuocere in forno preriscaldato a 180°C/350°F/gas mark 4 per 40 minuti fino a doratura ed elastica al tatto.

Pan di Spagna al Latte

Fa una torta di 20 cm/8 in

150 ml/¼ pt/2/3 tazza di latte

3 uova

175 g/6 oz/¾ tazza di zucchero semolato (superfino)

5 ml/1 cucchiaino di succo di limone

350 g/12 oz/3 tazze di farina normale (per tutti gli usi)

5 ml/1 cucchiaino di lievito per dolci

Scaldare il latte in una padella. Sbattere le uova in una ciotola fino a ottenere un composto denso e cremoso, quindi aggiungere lo zucchero e il succo di limone. Versare la farina e il lievito, quindi sbattere gradualmente il latte caldo fino a che liscio. Versare in una tortiera (stampo) di 20 cm/8 unta e cuocere in forno preriscaldato a 180°C/350°F/gas mark 4 per 20 minuti fino a quando saranno ben lievitati ed elastici al tatto.

Spugna Moka All-in-one

Fa una torta di 20 cm/8 in

100 g/4 oz/½ tazza di burro o margarina, ammorbidito

100 g/4 oz/½ tazza di zucchero semolato (superfino)

100 g/4 oz/1 tazza di farina autolievitante (autolievitante)

2,5 ml/½ cucchiaino di lievito in polvere

15 ml/1 cucchiaio di caffè istantaneo in polvere, sciolto in 10 ml/2 cucchiaini di acqua calda

15 ml/1 cucchiaio di cacao (cioccolato non zuccherato) in polvere

2 uova

Frullare insieme tutti gli ingredienti fino a che non siano ben amalgamati. Versare in una tortiera imburrata e foderata di 20 cm/8 e cuocere in forno preriscaldato a 180°C/350°F/gas mark 4 per 30 minuti fino a quando saranno ben lievitati ed elastici al tatto.

Torta al Moscato

Per una torta di 18 cm/7

175 g/6 oz/¾ tazza di burro o margarina, ammorbidito

175 g/6 oz/¾ tazza di zucchero semolato (superfino)

3 uova

30 ml/2 cucchiai di vino dolce Moscatel

225 g/8 oz/2 tazze di farina normale (per tutti gli usi)

10 ml/2 cucchiaini di lievito per dolci

Montare il burro o la margarina e lo zucchero fino a ottenere un composto chiaro e spumoso, quindi incorporare gradualmente le uova e il vino. Incorporare la farina e il lievito e mescolare fino a che liscio. Versare in una tortiera da 18 cm/7 imburrata e infarinata (teglia) e cuocere in forno preriscaldato a 180°C/350°F/gas mark 4 per 1¼ ore fino a doratura ed elastica al tatto. Lasciare raffreddare nello stampo per 5 minuti, quindi capovolgere su una gratella per completare il raffreddamento.

Spugna all'arancia all-in-one

Fa una torta di 20 cm/8 in

100 g/4 oz/½ tazza di burro o margarina, ammorbidito

100 g/4 oz/½ tazza di zucchero semolato (superfino)

100 g/4 oz/1 tazza di farina autolievitante (autolievitante)

2,5 ml/½ cucchiaino di lievito in polvere

Buccia grattugiata di 1 arancia

15 ml/1 cucchiaio di succo d'arancia

2 uova

Frullare insieme tutti gli ingredienti fino a che non siano ben amalgamati. Versare in una tortiera imburrata e foderata di 20 cm/8 e cuocere in forno preriscaldato a 180°C/350°F/gas mark 4 per 30 minuti fino a quando saranno ben lievitati ed elastici al tatto.

Torta Semplice

Fa una torta di 23 cm/9

50 g/2 oz/¼ tazza di burro o margarina

225 g/8 oz/2 tazze di farina normale (per tutti gli usi)

2,5 ml/½ cucchiaino di sale

15 ml/1 cucchiaio di lievito per dolci

30 ml/2 cucchiai di zucchero semolato (superfino)

250 ml/8 fl oz/1 tazza di latte

Strofinare il burro o la margarina nella farina, nel sale e nel lievito fino a ottenere un composto simile al pangrattato. Incorporare lo zucchero. Aggiungere gradualmente il latte e impastare fino ad ottenere un impasto liscio. Premere delicatamente in una tortiera (stampo) da 23 cm/9 imburrata e cuocere in forno preriscaldato a 160°C/325°F/gas mark 3 per circa 30 minuti fino a doratura.

Pan di Spagna Spagnolo

Fa una torta di 23 cm/9

4 uova, separate

100 g/4 oz/½ tazza di zucchero semolato

Buccia grattugiata di ½ limone

25 g/1 oz/¼ tazza di farina di mais

25 g/1 oz/¼ tazza di farina (per tutti gli usi))

30 ml/2 cucchiai di zucchero a velo (per confettieri), setacciato

Sbattere i tuorli, lo zucchero e la scorza di limone fino a ottenere un composto chiaro e spumoso. Incorporare gradualmente la farina di mais e la farina. Montare gli albumi a neve ben ferma, quindi incorporarli all'impasto. Versare il composto in una tortiera quadrata da 23 cm/9 imburrata e cuocere in forno preriscaldato a 220°C/425°F/gas mark 7 per 6 minuti. Togliete subito dallo stampo e lasciate raffreddare. Servire cosparso di zucchero a velo.

Torta Victoria

Fa una torta di 23 cm/7

175 g/6 oz/¾ tazza di burro o margarina, ammorbidito

175 g/6 oz/¾ tazza di zucchero semolato (superfino), più extra per spolverare

3 uova, sbattute

175 g/6 oz/1½ tazze di farina autolievitante (autolievitante)

60 ml/4 cucchiai di marmellata di fragole (conserva)

Sbattere il burro o la margarina fino a renderli morbidi, quindi sbattere con lo zucchero fino a ottenere un composto chiaro e spumoso. Sbattere gradualmente le uova, quindi incorporare la farina. Dividere il composto in modo uniforme in due stampini da sandwich imburrati e foderati da 18 cm/7. Cuocere in forno preriscaldato a 190°C/375°F/gas mark 5 per circa 20 minuti fino a quando saranno ben lievitati ed elastici al tatto. Sformare su una gratella a raffreddare, quindi farcire un panino con la marmellata e cospargere di zucchero.

Pan di Spagna sbattuto

Fa una torta di 20 cm/8 in

2 uova

75 g/3 oz/1⁄3 tazza di zucchero semolato (superfino)

50 g/2 oz/½ tazza di farina (per tutti gli usi)

120 ml/4 fl oz/½ tazza di panna doppia (pesante), montata

45 ml/3 cucchiai di marmellata di lamponi (conserva)

Zucchero a velo (confettieri), setacciato

Sbattere le uova e lo zucchero per almeno 5 minuti fino a quando non saranno chiare. Incorporare la farina. Versare in uno stampo per sandwich imburrato e foderato di 20 cm/8 e cuocere in forno preriscaldato a 190°C/375°F/gas mark 5 per 20 minuti fino a quando non diventa elastico al tatto. Lasciar raffreddare su una gratella.

Tagliare la torta a metà orizzontalmente, quindi avvolgere le due metà insieme alla panna e alla marmellata. Cospargere di zucchero a velo sopra.

Pan di Spagna Mulino a Vento

Fa una torta di 20 cm/8 in

Per la torta:

175 g/6 oz/1½ tazze di farina autolievitante (autolievitante)

5 ml/1 cucchiaino di lievito per dolci

175 g/6 oz/¾ tazza di burro o margarina, ammorbidito

175 g/6 oz/¾ tazza di zucchero semolato (superfino)

3 uova

5 ml/1 cucchiaino di essenza di vaniglia (estratto)

Per la glassa (glassa):

100 g/4 oz/½ tazza di burro o margarina, ammorbidito

175 g/6 oz/1 tazza di zucchero a velo (confettieri), setacciato

75 ml/5 cucchiai di marmellata di fragole (conserva)

Filamenti di zucchero e qualche fettina di arancia e limone cristallizzata (candita) per decorare

Amalgamare tutti gli ingredienti della torta fino ad ottenere un composto morbido. Versare in due tortiere (teglie) da 20 cm unte e foderate e cuocere in forno preriscaldato a 160°C/325°F/gas mark 3 per 20 minuti fino a doratura ed elastica al tatto. Lasciare raffreddare negli stampini per 5 minuti, quindi capovolgere su una gratella per completare il raffreddamento.

Per preparare la glassa, montate a crema il burro o la margarina con lo zucchero a velo fino ad ottenere una consistenza spalmabile. Spalmare la marmellata sulla parte superiore di una torta, quindi spalmare metà della glassa e posizionare sopra la seconda torta. Distribuire la glassa rimanente sulla superficie della torta e livellare con una spatola. Tagliare un cerchio di 20 cm/8 di carta oleata (cerata) e piegarlo in 8 segmenti. Lasciando un piccolo cerchio al centro per tenere la carta in un unico pezzo, ritaglia dei segmenti alternati e posiziona la carta sopra la torta come uno stencil. Cospargere le sezioni scoperte con fili di zucchero, quindi rimuovere la carta e disporre le fette di arancia e limone in un motivo attraente sulle sezioni non decorate.

Rotolo Svizzero

Per un rotolo da 20 cm/8 in

3 uova

75 g/3 oz/1/3 tazza di zucchero semolato (superfino)

75 g/3 oz/¾ tazza di farina autolievitante (autolievitante)

Zucchero semolato (superfino) per spolverare

75 ml/5 cucchiai di marmellata di lamponi (conserva)

Sbattere le uova e lo zucchero per circa 10 minuti fino a quando il composto diventa molto chiaro e denso e il composto si stacca dalla frusta a fiocchi. Incorporare la farina e versare il tutto in una teglia imburrata e infarinata di 30 x 20 cm/12 x 8 in uno stampo per rotoli di gelatina. Cuocere in forno preriscaldato a 200°C/400°F/gas mark 4 per 10 minuti fino a quando saranno ben lievitati e sodi al tatto. Spolverare un canovaccio pulito (canovaccio) con zucchero semolato e capovolgere la torta sull'asciugamano. Rimuovere la carta da rivestimento, tagliare i bordi e far passare un coltello a circa 2,5 cm dal lato corto, tagliando a metà la torta. Arrotolare la torta dal bordo tagliato. Lasciare raffreddare.

Srotolare la torta e spalmarla di marmellata, quindi arrotolare nuovamente e servire spolverizzata di zucchero a velo.

Involtino svizzero di mele

Per un rotolo da 20 cm/8 in

100 g/4 oz/1 tazza di farina (per tutti gli usi))

5 ml/1 cucchiaino di lievito per dolci

Un pizzico di sale

225 g/8 oz/1 tazza di zucchero semolato (superfino)

3 uova

5 ml/1 cucchiaino di essenza di vaniglia (estratto)

45 ml/3 cucchiai di acqua fredda

Zucchero a velo (da pasticceria) setacciato per spolverare

100 g/4 oz/1 tazza di marmellata di mele (confettura trasparente)

Mescolare la farina, il lievito, il sale e lo zucchero, quindi sbattere le uova e l'essenza di vaniglia fino a ottenere un composto omogeneo. Mescolare nell'acqua. Versare il composto in uno stampo per panini da 30 x 20 cm/12 x 8 imburrato e infarinato (teglia per gelatina) e cuocere in forno preriscaldato a 190°C/375°F/gas mark 5 per 20 minuti fino a quando non diventa elastico. toccare. Spolverare un canovaccio pulito (canovaccio) con zucchero a velo e capovolgere la torta sullo strofinaccio. Rimuovere la carta da rivestimento, tagliare i bordi e far passare un coltello a circa 2,5 cm dal lato corto, tagliando a metà la torta. Arrotolare la torta dal bordo tagliato. Lasciare raffreddare.

Srotolate la torta e spalmatela con la marmellata di mele fin quasi ai bordi. Arrotolare nuovamente e spolverare con zucchero a velo per servire.

Rotolo di castagne al brandy

Per un rotolo da 20 cm/8 in

3 uova

100 g/4 oz/½ tazza di zucchero semolato (superfino)

100 g/4 oz/1 tazza di farina (per tutti gli usi))

30 ml/2 cucchiai di brandy

Zucchero semolato (superfino) per spolverare

Per il ripieno e la decorazione:

300 ml/½ pt/1¼ tazze di panna doppia (pesante)

15 ml/1 cucchiaio di zucchero semolato (superfino)

250 g/1 lattina grande purea di castagne

175 g/6 oz/1½ tazze di cioccolato fondente (semidolce)

15 g/1 cucchiaio di burro o margarina

30 ml/2 cucchiai di brandy

Sbattere insieme le uova e lo zucchero fino a quando non diventano chiare e dense. Incorporare delicatamente la farina e il brandy con un cucchiaio di metallo. Versare in uno stampo per rotolo svizzero imburrato e foderato di 30 x 20 cm/12 x 8 (teglia per rotoli di gelatina) e cuocere in forno preriscaldato a 220°C/425°F/gas mark 7 per 12 minuti. Mettere un canovaccio pulito (canovaccio) sul piano di lavoro, coprire con un foglio di carta da forno (cerata) e cospargere di zucchero semolato. Capovolgere la torta sulla carta. Rimuovere la carta da rivestimento, tagliare i bordi e far passare un coltello a circa 2,5 cm dal lato corto, tagliando a metà la torta. Arrotolare la torta dal bordo tagliato. Lasciare raffreddare.

Per preparare il ripieno montate a neve ferma la panna e lo zucchero. Setacciare (filtrare) la purea di castagne, quindi sbattere fino a che liscio. Incorporate metà della panna alla purea di castagne. Srotolare la torta e spalmare sulla superficie la crema di castagne, quindi arrotolare nuovamente la torta. Sciogliere il cioccolato con il burro o la margarina e il brandy in una ciotola resistente al calore posta sopra una pentola di acqua bollente. Distribuire sulla torta e segnare con una forchetta i motivi.

Rotolo svizzero al cioccolato

Per un rotolo da 20 cm/8 in

3 uova

75 g/3 oz/1/3 tazza di zucchero semolato (superfino)

50 g/2 oz/½ tazza di farina autolievitante (autolievitante)

25 g/1 oz/¼ tazza di cacao (cioccolato non zuccherato) in polvere

Zucchero semolato (superfino) per spolverare

120 ml/4 fl oz/½ tazza di panna doppia (pesante)

Zucchero a velo (da pasticceria) per spolverare

Sbattere le uova e lo zucchero per circa 10 minuti fino a quando non sono molto chiare e dense, e il composto si stacca dalla frusta a strisce. Incorporare la farina e il cacao e versare il tutto in una teglia imburrata e infarinata di 30 x 20 cm/12 x 8 in uno stampo per rotoli di gelatina. Cuocere in forno preriscaldato a 200°C/400°F/gas mark 4 per 10 minuti fino a quando saranno ben lievitati e sodi al tatto. Spolverare un canovaccio pulito (canovaccio) con zucchero semolato e capovolgere la torta sull'asciugamano. Rimuovere la carta da rivestimento, tagliare i bordi e far passare un coltello a circa 2,5 cm dal lato corto, tagliando a metà la torta. Arrotolare la torta dal bordo tagliato. Lasciare raffreddare.

Montare la panna a neve. Srotolare la torta e spalmarla con la crema, quindi arrotolare nuovamente e servire spolverizzata di zucchero a velo.

Rotolo al limone

Per un rotolo da 20 cm/8 in

75 g/3 oz/¾ tazza di farina autolievitante (autolievitante)

5 ml/1 cucchiaino di lievito per dolci

Un pizzico di sale

1 uovo

175 g/6 oz/¾ tazza di zucchero semolato (superfino)

15 ml/1 cucchiaio di olio

5 ml/1 cucchiaino di essenza di limone (estratto)

6 albumi d'uovo

50 g/2 oz/1⁄3 tazza di zucchero a velo (confettieri), setacciato

75 ml/5 cucchiai di cagliata di limone

300 ml/½ pt/1¼ tazze di panna doppia (pesante)

10 ml/2 cucchiaini di scorza di limone grattugiata

Mescolare la farina, il lievito e il sale. Sbattere l'uovo fino a renderlo denso e color limone, quindi sbattere lentamente con 50 g/2 oz/ di tazza di zucchero semolato fino a ottenere un composto chiaro e cremoso. Sbattere l'olio e l'essenza di limone. In una ciotola pulita, sbattere gli albumi fino a formare dei picchi morbidi, quindi incorporare gradualmente lo zucchero semolato rimanente fino a quando il composto non si mantiene a neve ferma. Unire gli albumi all'olio e poi la farina. Versare in uno stampo per rotolo svizzero da 30 x 20 cm/12 x 8 imburrato e foderato (padella per rotoli di gelatina) e cuocere in forno preriscaldato a 190°C/375°F/gas mark 5 per 10 minuti fino a quando non diventa elastico al tatto. Coprire un canovaccio pulito (canovaccio) con un foglio di carta da forno (cerata) e spolverare con lo zucchero a velo, quindi capovolgere la torta sullo strofinaccio. Rimuovere la carta di rivestimento, tagliare i bordi e passare un coltello a circa 2,5 cm dal lato corto, tagliando a metà la torta. Arrotolare la torta dal bordo tagliato. Lasciare raffreddare.

Srotolate la torta e spalmatela con la crema al limone. Montare la panna a neve ferma e unire la scorza di limone. Spalmate sopra la crema al limone, quindi arrotolate nuovamente la torta. Raffreddare prima di servire.

Rotolo al limone e miele

Per un rotolo da 20 cm/8 in

3 uova

75 g/3 oz/1⁄3 tazza di zucchero semolato (superfino)

Buccia grattugiata di 1 limone

75 g/3 oz/¾ tazza di farina normale (per tutti gli usi)

Un pizzico di sale

Zucchero semolato (sottile) per spolverare Per il ripieno:

175 g/6 oz/¾ tazza di crema di formaggio

30 ml/2 cucchiai di miele chiaro

Zucchero a velo (da pasticceria) setacciato per spolverare

Sbattere insieme le uova, lo zucchero e la scorza di limone in una ciotola resistente al calore posta sopra una pentola di acqua bollente fino a quando non è densa e spumosa e il composto si stacca dalla frusta a strisce. Togliere dal fuoco e frullare per 3 minuti, quindi incorporare la farina e il sale. Versare in uno stampo per rotolo svizzero da 30 x 20 cm/ 12 x 8 imburrato e foderato (padella per gelatina) e cuocere in forno preriscaldato a 200°C/400°F/gas mark 6 fino a doratura ed elastico al tatto. Coprire un canovaccio pulito (canovaccio) con un foglio di carta da forno (cerata) e cospargere di zucchero semolato, quindi capovolgere la torta sullo strofinaccio. Rimuovere la carta da rivestimento, tagliare i bordi e far passare un coltello a circa 2,5 cm dal lato corto, tagliando a metà la torta. Arrotolare la torta dal bordo tagliato. Lasciare raffreddare.

Mescolare la crema di formaggio con il miele. Srotolate la torta, spalmatela con il ripieno, poi arrotolate nuovamente la torta e spolverizzate con zucchero a velo.

Rotolo di marmellata di lime

Per un rotolo da 20 cm/8 in

3 uova

175 g/6 oz/¾ tazza di zucchero semolato (superfino)

45 ml/3 cucchiai di acqua

5 ml/1 cucchiaino di essenza di vaniglia (estratto)

75 g/3 oz/¾ tazza di farina normale (per tutti gli usi)

5 ml/1 cucchiaino di lievito per dolci

Un pizzico di sale

25 g/1 oz/¼ tazza di mandorle tritate

Zucchero semolato (superfino) per spolverare

60 ml/4 cucchiai di marmellata di lime

150 ml/¼ pt/2/3 tazza di panna doppia (pesante), montata

Sbattere le uova fino a renderle chiare e dense, quindi incorporare gradualmente lo zucchero, l'acqua e l'essenza di vaniglia. Mescolare la farina, il lievito, il sale e le mandorle tritate e impastare fino ad ottenere una pastella liscia. Versare in uno stampo per rotolo svizzero da 30 x 20 cm/12 x 8 imburrato e foderato (teglia per rotoli di gelatina) e cuocere in forno preriscaldato a 180°C/350°F/gas mark 4 per 12 minuti fino a quando non diventa elastico al tatto. Cospargere di zucchero un canovaccio pulito (canovaccio) e capovolgere la torta calda sul panno. Rimuovere la carta da rivestimento, tagliare i bordi e far passare un coltello a circa 2,5 cm dal lato corto, tagliando a metà la torta. Arrotolare la torta dal bordo tagliato. Lasciare raffreddare.

Srotolate la torta e spalmatela con la marmellata e la panna. Arrotolare di nuovo e spolverare con altro zucchero semolato.

Involtino Limone e Fragole

Per un rotolo da 20 cm/8 in

Per il ripieno:

30 ml/2 cucchiai di amido di mais (amido di mais)

75 g/3 oz/1/3 tazza di zucchero semolato (superfino)

120 ml/4 fl oz/½ tazza di succo di mela

120 ml/4 fl oz/½ tazza di succo di limone

2 tuorli d'uovo, leggermente sbattuti

10 ml/2 cucchiaini di scorza di limone grattugiata

15 ml/1 cucchiaio di burro

Per la torta:

3 uova, separate

3 albumi d'uovo

Un pizzico di sale

75 g/3 oz/1/3 tazza di zucchero semolato (superfino)

15 ml/1 cucchiaio di olio

5 ml/1 cucchiaino di essenza di vaniglia (estratto)

5 ml/1 cucchiaino di scorza di limone grattugiata

50 g/2 oz/½ tazza di farina (per tutti gli usi)

25 g/1 oz/¼ tazza di amido di mais (amido di mais)

225 g di fragole a fette

Zucchero a velo (da pasticceria) setacciato per spolverare

Per preparare il ripieno, in una padella unire la maizena e lo zucchero, quindi aggiungere gradualmente il succo di mela e limone. Incorporare i tuorli d'uovo e la scorza di limone. Cuocere a fuoco basso, mescolando continuamente, fino a che non si addensa. Togliere dal fuoco e mantecare con il burro. Versare in una ciotola, posizionare un cerchio di carta da forno (cerata) sulla superficie, raffreddare, quindi raffreddare.

Per fare la torta, sbattere tutti gli albumi con il sale fino a formare dei picchi morbidi. Sbattere gradualmente lo zucchero fino a renderlo rigido e lucido. Sbattere insieme i tuorli, l'olio, l'essenza di vaniglia e la scorza di limone. Incorporare un cucchiaio di albumi, quindi incorporare il composto di tuorli agli albumi. Incorporare la farina e la maizena; non mescolare troppo. Stendere l'impasto in uno stampo per rotoli da 30 x 20 cm/ 12 x 8 imburrato, foderato e infarinato (teglia per rotoli di gelatina) e cuocere in forno preriscaldato a 200°C/400°F/ gas mark 4 per 10 minuti fino a doratura . Capovolgere la torta su un foglio di carta da forno (cerata) su una gratella. Rimuovere la carta da rivestimento, tagliare i bordi e far passare un coltello a circa 2,5 cm dal lato corto, tagliando a metà la torta. Arrotolare la torta dal bordo tagliato. Lasciare raffreddare.

Srotolare e stendere la torta fredda con la farcia al limone e adagiare sopra le fragole. Aiutandovi con la carta, arrotolate nuovamente il rotolo e spolverizzate con zucchero a velo per servire.

Involtino Svizzero Arancia e Mandorle

Per un rotolo da 20 cm/8 in

4 uova, separate

225 g/8 oz/1 tazza di zucchero semolato (superfino)

60 ml/4 cucchiai di succo d'arancia

150 g/5 oz/1¼ tazze di farina normale (per tutti gli usi)

5 ml/1 cucchiaino di lievito per dolci

Un pizzico di sale

5 ml/1 cucchiaino di essenza di vaniglia (estratto)

Buccia grattugiata di ½ arancia

Zucchero semolato (superfino) per spolverare

Per il ripieno:

2 arance

30 ml/2 cucchiai di gelatina in polvere

120 ml/4 fl oz/½ tazza d'acqua

250 ml/8 fl oz/1 tazza di succo d'arancia

100 g/4 oz/½ tazza di zucchero semolato (superfino)

4 tuorli d'uovo

250 ml/8 fl oz/1 tazza di panna doppia (pesante)

100 g/4 oz/1/3 tazza di marmellata di albicocche (conserva), setacciata (filtrata)

15 ml/1 cucchiaio di acqua

100 g/4 oz/1 tazza di mandorle a scaglie (a scaglie), tostate

Sbattere i tuorli, lo zucchero semolato e il succo d'arancia fino a ottenere un composto chiaro e spumoso. Incorporare gradualmente la farina e il lievito con un cucchiaio di metallo. Montare a neve ferma gli albumi e il sale, quindi incorporarli al composto con l'essenza di vaniglia e la scorza d'arancia grattugiata aiutandosi con un cucchiaio di metallo. Versare in uno stampo per rotolo svizzero imburrato e foderato di 30 x 20 cm/12 x 8 (padella per gelatina) e cuocere in forno preriscaldato a 200°C/400°F/gas mark 6 per 10 minuti fino a quando non diventa elastico al tatto. Capovolgere su un canovaccio pulito (canovaccio), cosparso di zucchero semolato. Rimuovere la carta da rivestimento, tagliare i bordi e far passare un coltello a circa 2,5 cm dal lato corto, tagliando a metà la torta. Arrotolare la torta dal bordo tagliato. Lasciare raffreddare.

Per fare il ripieno, grattugiare la scorza di un'arancia. Sbucciare entrambe le arance e rimuovere il midollo e le membrane. Tagliare a metà i segmenti e lasciarli scolare. Cospargere la gelatina sopra l'acqua in una ciotola e lasciare fino a renderla spugnosa. Metti la ciotola in una pentola di acqua calda fino a quando non si scioglie.

Lasciar raffreddare leggermente. Sbattere il succo d'arancia e la scorza con lo zucchero e i tuorli d'uovo in una ciotola resistente al calore, adagiandoli su una pentola di acqua bollente, fino ad ottenere un composto denso e cremoso. Togliere dal fuoco e incorporare la gelatina. Mescolare di tanto in tanto finché non si raffredda. Montare la panna a neve, quindi incorporarla al composto e far raffreddare.

Srotolate la torta, spalmatela con la crema all'arancia e cospargetela con gli spicchi d'arancia. Arrotola di nuovo. Scaldare la marmellata con l'acqua finché non sarà ben amalgamata. Spennellare la torta e cospargere con le mandorle tostate, premendo leggermente.

Rotolo svizzero alla fragola

Per un rotolo da 20 cm/8 in

3 uova

75 g/3 oz/1/3 tazza di zucchero semolato (superfino)

75 g/3 oz/¾ tazza di farina autolievitante (autolievitante)

Zucchero semolato (superfino) per spolverare

75 ml/5 cucchiai di marmellata di lamponi (conserva)

150 ml/¼ pt/2/3 tazza da montare o panna doppia (pesante)

100 g/4 oz fragole

Sbattere le uova e lo zucchero per circa 10 minuti fino a quando non sono molto chiare e dense, e il composto si stacca dalla frusta a strisce. Incorporare la farina e versare il tutto in una teglia imburrata e infarinata di 30 x 20 cm/12 x 8 in uno stampo per rotoli di gelatina. Cuocere in forno preriscaldato a 200°C/400°F/gas mark 4 per 10 minuti fino a quando saranno ben lievitati e sodi al tatto. Spolverare un canovaccio pulito (canovaccio) con zucchero semolato e capovolgere la torta sull'asciugamano. Rimuovere la carta da rivestimento, tagliare i bordi e far passare un coltello a circa 2,5 cm dal lato corto, tagliando a metà la torta. Arrotolare la torta dal bordo tagliato. Lasciare raffreddare.

Srotolare la torta e spalmarla di marmellata, quindi arrotolare di nuovo. Tagliare la torta a metà nel senso della lunghezza e posizionare i lati arrotondati su un piatto da portata con i lati tagliati rivolti verso l'esterno. Montare la panna a neve ferma, quindi ricoprire la parte superiore e i lati della torta. Tagliare a fette o in quarti le fragole se sono grandi e disporle in modo decorativo sulla parte superiore della torta.

Torta al cioccolato

Fa una torta di 20 cm/8 in

100 g/4 oz/½ tazza di burro o margarina, ammorbidito

100 g/4 oz/½ tazza di zucchero semolato (superfino)

100 g/4 oz/1 tazza di farina autolievitante (autolievitante)

15 ml/1 cucchiaio di cacao (cioccolato non zuccherato) in polvere

2,5 ml/½ cucchiaino di lievito in polvere

2 uova

Mescolare tutti gli ingredienti insieme fino a quando non sono ben amalgamati. Versare in una tortiera imburrata e infarinata da 20 cm/8 (teglia) e cuocere in forno preriscaldato a 180°C/350°F/gas mark 4 per 30 minuti fino a quando non sarà ben lievitata ed elastica al tatto.

Torta Di Banana Al Cioccolato

Per una pagnotta da 900 g/2 libbre

150 g/5 oz/2/3 tazza di burro o margarina

150 g/5 oz/2/3 tazza di zucchero di canna morbido

150 g/5 oz/1¼ tazze di cioccolato fondente (semidolce)

2 banane, schiacciate

3 uova, sbattute

200 g/7 oz/1¾ tazze di farina normale (per tutti gli usi)

10 ml/2 cucchiaini di lievito per dolci

Sciogliere il burro o la margarina con lo zucchero e il cioccolato. Togliere dal fuoco, quindi incorporare le banane, le uova, la farina e il lievito fino ad ottenere un composto omogeneo. Versare in uno stampo da plumcake da 900 g/2 lb imburrato e foderato e cuocere in forno preriscaldato a 150°C/300°F/gas mark 3 per 1 ora finché non diventa elastico al tatto. Lasciare raffreddare nello stampo per 5 minuti prima di sformare per completare il raffreddamento su una gratella.

Torta Cioccolato E Mandorle

Fa una torta di 20 cm/8 in

100 g/4 oz/½ tazza di burro o margarina, ammorbidito

100 g/4 oz/½ tazza di zucchero semolato (superfino)

2 uova, leggermente sbattute

2,5 ml/½ cucchiaino di essenza di mandorle (estratto)

100 g/4 oz/1 tazza di farina autolievitante (autolievitante)

25 g/1 oz/¼ tazza di cacao (cioccolato non zuccherato) in polvere

2,5 ml/½ cucchiaino di lievito in polvere

45 ml/3 cucchiai di mandorle tritate

60 ml/4 cucchiai di latte

Zucchero a velo (confettieri) per spolverare

Montare il burro o la margarina e lo zucchero fino a ottenere un composto chiaro e spumoso. Incorporare gradualmente le uova e l'essenza di mandorle, quindi incorporare la farina, il cacao e il lievito. Incorporare le mandorle tritate e il latte quanto basta per ottenere una consistenza morbida e gocciolante. Versare il composto in una tortiera imburrata e infarinata da 20 cm/8 e cuocere in forno preriscaldato a 200°C/400°F/gas mark 6 per 15-20 minuti fino a quando non sarà ben lievitata ed elastica al tatto. Servire spolverato di zucchero a velo.

Torta glassata al cioccolato e mandorle

Fa una torta di 23 cm/9

225 g/8 oz/2 tazze di cioccolato fondente (semidolce)

225 g/8 oz/1 tazza di burro o margarina, ammorbidito

225 g/8 oz/1 tazza di zucchero semolato (superfino)

5 uova, separate

225 g/8 oz/2 tazze di farina autolievitante (autolievitante)

100 g/4 oz/1 tazza di mandorle tritate

Per la glassa (glassa):

175 g/6 oz/1 tazza di zucchero a velo (confettieri)

25 g/1 oz/¼ tazza di cacao (cioccolato non zuccherato) in polvere

30 ml/2 cucchiai di Cointreau

30 ml/2 cucchiai di acqua

Mandorle pelate per decorare

Sciogliere il cioccolato in una ciotola resistente al calore posta sopra una pentola di acqua bollente. Lasciar raffreddare leggermente. Montare il burro o la margarina e lo zucchero fino a ottenere un composto chiaro e spumoso. Sbattere i tuorli d'uovo, quindi versare il cioccolato fuso. Incorporate la farina e le mandorle tritate. Montare gli albumi a neve ben ferma, quindi incorporarli gradualmente al composto di cioccolato. Versare in una tortiera (stampo) da 23 cm/9 con fondo sgrassato e infarinata e cuocere in forno preriscaldato a 180°C/350°F/gas mark 4 per 1 until ore fino a quando non sarà ben lievitata ed elastica al tatto. Lasciare raffreddare.

Per la glassa mescolate lo zucchero a velo con il cacao e fate un buco al centro. Scaldare il Cointreau e l'acqua, quindi mescolare gradualmente il liquido allo zucchero a velo per ottenere una glassa spalmabile. Lisciare sulla torta e segnare un motivo sulla glassa prima che si raffreddi. Decorate con le mandorle.

Torta Angelo Al Cioccolato

Per una torta da 900 g/2 libbre

6 albumi d'uovo

Un pizzico di sale

5 ml/1 cucchiaino di cremor tartaro

450 g/1 lb/2 tazze di zucchero semolato (superfino)

2,5 ml/½ cucchiaino di succo di limone

Qualche goccia di essenza di vaniglia (estratto)

100 g/4 oz/1 tazza di farina (per tutti gli usi))

50 g/2 oz/½ tazza di cacao (cioccolato non zuccherato) in polvere

5 ml/1 cucchiaino di lievito per dolci

Per la glassa (glassa):

175 g/6 oz/1 tazza di zucchero a velo (confettieri), setacciato

5 ml/1 cucchiaino di cacao (cioccolato non zuccherato) in polvere

Qualche goccia di essenza di vaniglia (estratto)

30 ml/2 cucchiai di latte

Montare gli albumi e il sale fino a formare dei picchi morbidi. Aggiungere il cremor tartaro e sbattere a neve. Incorporare lo zucchero, il succo di limone e l'essenza di vaniglia. Mescolare la farina, il cacao e il lievito, quindi incorporarli al composto. Versare in uno stampo da plumcake imburrato e foderato da 900 g/2 lb (tegame) e cuocere in forno preriscaldato a 180°C/350°F/gas mark 4 per 1 ora fino a quando non si sarà rassodato. Sfornare subito e lasciare raffreddare su una gratella.

Per fare la glassa, sbattere insieme tutti gli ingredienti della glassa fino a ottenere un composto omogeneo, aggiungendo il latte poco alla volta. Cospargere la torta raffreddata.

Torta Americana al Cioccolato

Fa una torta di 23 cm/9

175 g/6 oz/1½ tazze di farina (per tutti gli usi)

45 ml/3 cucchiai di cacao (cioccolato non zuccherato) in polvere

5 ml/1 cucchiaino di bicarbonato di sodio (bicarbonato di sodio)

225 g/8 oz/1 tazza di zucchero semolato (superfino)

75 ml/5 cucchiai di olio

15 ml/1 cucchiaio di aceto di vino bianco

5 ml/1 cucchiaino di essenza di vaniglia (estratto)

250 ml/8 fl oz/1 tazza di acqua fredda

Per la glassa (glassa):

50 g/2 oz/¼ tazza di crema di formaggio

30 ml/2 cucchiai di burro o margarina

2,5 ml/½ cucchiaino di essenza di vaniglia (estratto)

175 g/6 oz/1 tazza di zucchero a velo (confettieri), setacciato

Mescolare gli ingredienti secchi e fare un buco al centro. Versare l'olio, l'aceto di vino e l'essenza di vaniglia e mescolare bene. Incorporare l'acqua fredda e mescolare di nuovo fino a che liscio. Versare in una teglia (teglia) da 23 cm/9 imburrata e cuocere in forno preriscaldato a 180°C/350°F/gas mark 4 per 30 minuti. Lasciare raffreddare.

Per preparare la glassa, sbattere insieme il formaggio cremoso, il burro o la margarina e l'essenza di vaniglia fino a ottenere un composto chiaro e spumoso. Sbattere gradualmente lo zucchero a velo fino a che liscio. Spalmare sopra la torta.

Torta Di Mele Al Cioccolato

Fa una torta di 20 cm/8 in

2 mele cotte (crostate)

Succo di limone

100 g/4 oz/½ tazza di burro o margarina, ammorbidito

225 g/8 oz/1 tazza di zucchero semolato (superfino)

2 uova, leggermente sbattute

5 ml/1 cucchiaino di essenza di vaniglia (estratto)

250 g/9 oz/2¼ tazze di farina normale (per tutti gli usi)

25 g/1 oz/¼ tazza di cacao (cioccolato non zuccherato) in polvere

5 ml/1 cucchiaino di lievito per dolci

5 ml/1 cucchiaino di bicarbonato di sodio (bicarbonato di sodio)

150 ml/¼ pt/2/3 tazza di latte

Per la glassa (glassa):

450 g/1 lb/22/3 tazze di zucchero a velo (confettieri), setacciato

25 g/1 oz/¼ tazza di cacao (cioccolato non zuccherato) in polvere

50 g/2 oz/¼ tazza di burro o margarina

75 ml/5 cucchiai di latte

Sbucciare, togliere il torsolo e tritare finemente le mele, quindi spruzzarle con un po' di succo di limone. Montare il burro o la margarina e lo zucchero fino a ottenere un composto chiaro e spumoso. Incorporare gradualmente le uova e l'essenza di vaniglia, quindi incorporare la farina, il cacao, il lievito e il bicarbonato di sodio alternandoli al latte fino a quando il tutto sarà ben amalgamato. Incorporare le mele tritate. Versare in una tortiera da 20 cm imburrata e infarinata (teglia) e cuocere in forno preriscaldato a 180°C/350°F/gas mark 4 per 45 minuti fino a quando uno stecchino inserito al centro non esce pulito. Lasciare raffreddare nello stampo per 10 minuti, quindi capovolgere su una gratella per completare il raffreddamento.

Per fare la glassa, sbattere insieme lo zucchero a velo, il cacao e il burro o la margarina, aggiungendo latte quanto basta per rendere il composto liscio e cremoso. Distribuire sulla parte superiore e sui lati della torta e segnare i motivi con una forchetta.

Torta Brownie Al Cioccolato

Per una torta di 38 x 25 cm/15 x 10 cm

100 g/4 oz/½ tazza di burro o margarina

100 g/4 oz/½ tazza di strutto (grasso)

250 ml/8 fl oz/1 tazza d'acqua

25 g/1 oz/¼ tazza di cacao (cioccolato non zuccherato) in polvere

225 g/8 oz/2 tazze di farina normale (per tutti gli usi)

450 g/1 lb/2 tazze di zucchero semolato (superfino)

120 ml/4 fl oz/½ tazza di latticello

2 uova, sbattute

5 ml/1 cucchiaino di bicarbonato di sodio (bicarbonato di sodio)

Un pizzico di sale

5 ml/1 cucchiaino di essenza di vaniglia (estratto)

Sciogliere il burro o la margarina, lo strutto, l'acqua e il cacao in un pentolino. Mescolare la farina e lo zucchero in una ciotola, versare il composto sciolto e amalgamare bene. Incorporare gli altri ingredienti e sbattere fino a quando non saranno ben amalgamati. Versare in uno stampo per panini svizzeri imburrato e infarinato e cuocere in forno preriscaldato a 200°C/400°F/gas mark 6 per 20 minuti fino a quando non diventa elastico al tatto.

Torta al cioccolato e latticello

Fa una torta di 23 cm/9

225 g/8 oz/2 tazze di farina autolievitante (autolievitante)

350 g/12 oz/1½ tazze di zucchero semolato (superfino)

5 ml/1 cucchiaino di bicarbonato di sodio (bicarbonato di sodio)

2,5 ml/½ cucchiaino di sale

100 g/4 oz/½ tazza di burro o margarina

250 ml/8 fl oz/1 tazza di latticello

2 uova

50 g/2 oz/½ tazza di cacao (cioccolato non zuccherato) in polvere

Glassa Vellutata Americana

Mescolare insieme la farina, lo zucchero, il bicarbonato di sodio e il sale. Strofinare il burro o la margarina fino a ottenere un composto simile al pangrattato, quindi sbattere il latticello, le uova e il cacao e continuare a sbattere fino a che liscio. Versate il composto in due tortiere (teglie) da 23 cm/9 imburrate e foderate e infornate in forno preriscaldato a 180°C/gas segna 4 per 30 minuti fino a quando uno stecchino inserito al centro non esce pulito. Sandwich insieme a metà dell'American Velvet Frosting e coprire la torta con il resto. Lasciare impostare.

Torta Al Cioccolato E Mandorle

Fa una torta di 20 cm/8 in

175 g/6 oz/¾ tazza di burro o margarina, ammorbidito

175 g/6 oz/¾ tazza di zucchero semolato (superfino)

3 uova, leggermente sbattute

225 g/8 oz/2 tazze di farina autolievitante (autolievitante)

50 g/2 oz/½ tazza di mandorle tritate

100 g/4 oz/1 tazza di gocce di cioccolato

30 ml/2 cucchiai di latte

25 g/1 oz/¼ tazza di mandorle a scaglie (a scaglie)

Montare il burro o la margarina e lo zucchero fino a ottenere un composto chiaro e spumoso. Sbattere gradualmente le uova, quindi incorporare la farina, le mandorle tritate e le gocce di cioccolato. Incorporare abbastanza latte per ottenere una consistenza gocciolante, quindi incorporare le mandorle a scaglie. Versare in una tortiera imburrata e foderata di 20 cm/8 e cuocere in forno preriscaldato a 180°C/350°F/gas mark 4 per 1 ora fino a quando uno stecchino inserito al centro non esce pulito. Raffreddare nello stampo per 5 minuti, quindi capovolgere su una gratella per completare il raffreddamento.

Torta Di Crema Al Cioccolato

Per una torta di 18 cm/7

4 uova

100 g/4 oz/½ tazza di zucchero semolato (superfino)

60 g/2½ oz/2/3 tazza di farina (per tutti gli usi)

25 g/1 oz/¼ tazza di cioccolato da bere in polvere

150 ml/¼ pt/2/3 tazza di panna doppia (pesante)

Sbattere le uova e lo zucchero fino ad ottenere un composto chiaro e spumoso. Incorporare la farina e il cioccolato da bere. Versare il composto in due stampini da sandwich (teglie) da 18 cm/7 imburrati e foderati e cuocere in forno preriscaldato a 200°C/400°F/gas mark 6 per 15 minuti fino a quando non diventa elastico al tatto. Raffreddare su una gratella. Montare la panna a neve ferma, quindi avvolgere le torte insieme alla panna.

Torta Al Cioccolato Con Datteri

Fa una torta di 20 cm/8 in

25 g/1 oz/1 quadrato di cioccolato fondente (semidolce)

175 g/6 oz/1 tazza di datteri snocciolati (snocciolati), tritati

5 ml/1 cucchiaino di bicarbonato di sodio (bicarbonato di sodio)

375 ml/13 fl oz/1½ tazze di acqua bollente

175 g/6 oz/¾ tazza di burro o margarina, ammorbidito

225 g/8 oz/1 tazza di zucchero semolato (superfino)

2 uova, sbattute

175 g/6 oz/1½ tazze di farina (per tutti gli usi)

2,5 ml/½ cucchiaino di sale

50 g/2 oz/¼ tazza di zucchero semolato

100 g/4 oz/1 tazza di gocce di cioccolato fondente (semidolce)

Mescolare il cioccolato, i datteri, il bicarbonato di sodio e l'acqua bollente e mescolare finché il cioccolato non si sarà sciolto. Montare il burro o la margarina e lo zucchero fino a ottenere un composto chiaro e spumoso. Sbattere gradualmente le uova. Incorporare la farina e il sale alternativamente al composto di cioccolato e mescolare fino a quando non saranno ben amalgamati. Versare in una tortiera quadrata da 20 cm / 8 cm imburrata e infarinata. Mescolare lo zucchero semolato e le gocce di cioccolato e cospargere sopra. Cuocere in forno preriscaldato a 160°C/325°F/gas mark 3 per 45 minuti fino a quando uno stecchino inserito al centro non esce pulito.

Torta al cioccolato semplice

Fa una torta di 23 cm/9

100 g/4 oz/½ tazza di burro o margarina, ammorbidito

175 g/6 oz/¾ tazza di zucchero semolato (superfino)

2 uova, leggermente sbattute

5 ml/1 cucchiaino di essenza di vaniglia (estratto)

225 g/8 oz/2 tazze di farina normale (per tutti gli usi)

45 ml/3 cucchiai di cacao (cioccolato non zuccherato) in polvere

10 ml/2 cucchiaini di lievito per dolci

2,5 ml/½ cucchiaino di bicarbonato di sodio (bicarbonato di sodio)

Un pizzico di sale

150 ml/8 fl oz/1 tazza d'acqua

Montare il burro o la margarina e lo zucchero fino a ottenere un composto chiaro e spumoso. Incorporare gradualmente le uova e l'essenza di vaniglia, quindi incorporare la farina, il cacao, il lievito, il bicarbonato di sodio e il sale alternandoli con l'acqua fino ad ottenere una pastella liscia. Mettere un cucchiaio in una tortiera da 23 cm/9 imburrata e foderata e cuocere in forno preriscaldato a 220°C/425°F/gas mark 7 per 20-25 minuti fino a quando non sarà ben lievitata ed elastica al tatto.

Torta con glassa di Marshmallow

Per una torta di 18 cm/7

100 g/4 oz/½ tazza di burro o margarina, ammorbidito

100 g/4 oz/½ tazza di zucchero semolato (superfino)

2 uova, leggermente sbattute

75 g/3 oz/1/3 tazza di farina autolievitante (autolievitante)

15 ml/1 cucchiaio di cacao (cioccolato non zuccherato) in polvere

Un pizzico di sale

Per la glassa (glassa):

100 g/4 once di marshmallowallow

30 ml/2 cucchiai di latte

2 albumi d'uovo

25 g/1 oz/2 cucchiai di zucchero semolato (superfino)

Cioccolato grattugiato per decorare

Montare il burro o la margarina e lo zucchero fino a ottenere un composto chiaro e spumoso. Sbattere gradualmente le uova, quindi incorporare la farina, il cacao e il sale. Versare il composto in due stampini da sandwich (teglie) da 18 cm/7 imburrati e foderati e cuocere in forno preriscaldato a 180°C/350°F/gas mark 4 per 25 minuti fino a quando saranno ben lievitati ed elastici al tatto. Lasciare raffreddare.

Sciogliere i marshmallow con il latte a fuoco basso, mescolando di tanto in tanto, quindi lasciar raffreddare. Montare gli albumi a neve ben ferma, quindi incorporare lo zucchero e sbattere di nuovo fino a quando non sono ben montati e lucidi. Incorporare al composto di marshmallow e lasciare rapprendere leggermente. Avvolgere le torte insieme a un terzo della glassa di marshmallow, quindi distribuire il resto sulla parte superiore e sui lati della torta e decorare con cioccolato grattugiato.

Torta Delizia

Fa una torta di 23 cm/9

225 g/8 oz/2 tazze di cioccolato fondente (semidolce)

30 ml/2 cucchiai di caffè istantaneo in polvere

45 ml/3 cucchiai di acqua

4 uova, separate

150 g/5 oz/2/3 tazza di burro o margarina, a dadini

Un pizzico di sale

100 g/4 oz/½ tazza di zucchero semolato (superfino)

50 g/2 oz/½ tazza di amido di mais (amido di mais)

Per la decorazione:

150 ml/¼ pt/2/3 tazza di panna doppia (pesante)

25 g/1 oz/3 cucchiai di zucchero a velo (confettieri)

175 g/6 oz/1½ tazze di noci, tritate

Sciogliere il cioccolato, il caffè e l'acqua insieme in una ciotola resistente al calore posta su una pentola di acqua bollente. Togliere dal fuoco e sbattere gradualmente i tuorli d'uovo. Mescolare il burro un pezzo alla volta fino a quando non si sarà sciolto nel composto. Sbattere gli albumi e il sale fino a formare dei picchi morbidi. Aggiungere con cura lo zucchero e sbattere a neve. Sbattere nella farina di mais. Incorporare un cucchiaio del composto al cioccolato, quindi incorporare il cioccolato agli albumi rimanenti. Versare in una tortiera da 23 cm/9 imburrata e foderata e cuocere in forno preriscaldato a 180°C/350°F/gas mark 4 per 45 minuti fino a quando non sarà ben lievitata e appena elastica al tatto. Sfornare e lasciare raffreddare leggermente prima di togliere dallo stampo; la torta si spezzerà e affonderà. Lasciar raffreddare completamente.

Montare la panna a neve ferma, quindi incorporare lo zucchero. Spalmate un po' di crema sul bordo della torta e schiacciateci le noci tritate per decorare. Spalmare o versare sopra la crema rimanente.

Torta al cioccolato Cherie

Fa una torta di 23 x 30 cm/9 x 12

2 uova, separate

350 g/12 oz/1½ tazze di zucchero semolato (superfino)

200 g/7 oz/1¾ tazze di farina autolievitante (autolievitante)

2,5 ml/½ cucchiaino di bicarbonato di sodio (bicarbonato di sodio)

2,5 ml/½ cucchiaino di sale

60 ml/4 cucchiai di cacao (cioccolato non zuccherato) in polvere

75 ml/5 cucchiai di olio

250 ml/8 fl oz/1 tazza di latticello

Montare gli albumi a neve. Incorporare gradualmente 100 g/4 oz/½ tazza di zucchero e sbattere fino a ottenere una consistenza rigida e lucida. Mescolare lo zucchero rimasto, la farina, il bicarbonato di sodio, il sale e il cacao. Sbattere i tuorli, l'olio e il latticello. Incorporare con cura gli albumi. Versare un cucchiaio in una tortiera da 23 x 32 cm/9 x 12 imburrata e infarinata e cuocere in forno preriscaldato a 180°C/gas segna 4 per 40 minuti fino a quando non fuoriesce uno stecchino inserito al centro pulito.

Torta Nocciole e Cioccolato

Fa uno 25 cm/10 in torta

100 g/4 oz/1 tazza di nocciole

175 g/6 oz/¾ tazza di zucchero semolato (superfino)

175 g/6 oz/1½ tazze di farina (per tutti gli usi)

50 g/2 oz/½ tazza di cacao (cioccolato non zuccherato) in polvere

5 ml/1 cucchiaino di lievito per dolci

Un pizzico di sale

2 uova, leggermente sbattute

2 albumi d'uovo

175 ml/6 fl oz/¾ tazza di olio

60 ml/4 cucchiai di caffè nero forte freddo

Stendere le nocciole in una teglia (teglia) e cuocere in forno preriscaldato a 180°C/350°F/gas mark 4 per 15 minuti fino a doratura. Strofinare energicamente in un canovaccio (canovaccio) per rimuovere le pelli, quindi tritare finemente le noci in un robot da cucina con 15 ml/1 cucchiaio di zucchero. Mescolare le noci con la farina, il cacao, il lievito e il sale. Sbattere insieme le uova e gli albumi fino a renderli spumosi. Aggiungete poco alla volta lo zucchero rimanente e continuate a sbattere fino a che non diventa pallido. A poco a poco sbattere l'olio, poi il caffè. Incorporare gli ingredienti secchi, quindi versare in una tortiera (stampo) da 25 cm oleata e foderata di 25 cm/10 e cuocere in forno preriscaldato a 180°C/350°F/gas mark 4 per 30 minuti fino a quando non diventa elastico. il tocco.

Torta al cioccolato fondente

Per una torta da 900 g/2 libbre

60 ml/4 cucchiai di cacao (cioccolato non zuccherato) in polvere

100 g/4 oz/½ tazza di burro o margarina

120 ml/4 fl oz/½ tazza di olio

250 ml/8 fl oz/1 tazza d'acqua

350 g/12 oz/1½ tazze di zucchero semolato (superfino)

225 g/8 oz/2 tazze di farina autolievitante (autolievitante)

2 uova, sbattute

120 ml/4 fl oz/½ tazza di latte

2,5 ml/½ cucchiaino di bicarbonato di sodio (bicarbonato di sodio)

5 ml/1 cucchiaino di essenza di vaniglia (estratto)

Per la glassa (glassa):

60 ml/4 cucchiai di cacao (cioccolato non zuccherato) in polvere

100 g/4 oz/½ tazza di burro o margarina

60 ml/4 cucchiai di latte evaporato

450 g/1 lb/22/3 tazze di zucchero a velo (confettieri), setacciato

5 ml/1 cucchiaino di essenza di vaniglia (estratto)

100 g/4 oz/1 tazza di cioccolato fondente (semidolce)

In una padella mettere il cacao, il burro o la margarina, l'olio e l'acqua e portare a bollore. Togliere dal fuoco e incorporare lo zucchero e la farina. Sbattere le uova, il latte, il bicarbonato e l'essenza di vaniglia, quindi aggiungere al composto nella padella. Versare in uno stampo da plumcake da 900 g/ 2 lb imburrato e foderato e cuocere in forno preriscaldato a 180°C/350°F/gas mark 4 per 1¼ ore fino a quando è ben lievitato ed elastico al tatto. Sformare e raffreddare su una gratella.

Per preparare la glassa, portare a ebollizione tutti gli ingredienti in una padella di media grandezza. Sbattere fino a che liscio, quindi versare sulla torta ancora calda. Lasciare impostare.

Gâteau al cioccolato

Fa una torta di 23 cm/9

150 g/5 oz/1¼ tazze di cioccolato fondente (semidolce)

150 g/5 oz/2/3 tazza di burro o margarina, ammorbidito

150 g/5 oz/2/3 tazza di zucchero semolato (superfino)

75 g/3 oz/¾ tazza di mandorle tritate

3 uova, separate

100 g/4 oz/1 tazza di farina (per tutti gli usi))

Per il ripieno e la farcitura:

300 ml/½ pt/1¼ tazze di panna doppia (pesante)

200 g/7 oz/1¾ tazze di cioccolato fondente (semidolce), tritato

Scaglie di cioccolato sbriciolato

Sciogliere il cioccolato in una ciotola resistente al calore su una pentola di acqua bollente. Sbattere il burro o la margarina e lo zucchero, quindi incorporare il cioccolato, le mandorle e i tuorli d'uovo. Sbattere gli albumi fino a formare dei picchi morbidi, quindi incorporarli al composto aiutandosi con un cucchiaio di metallo. Incorporare con cura la farina. Versare in una tortiera (stampo) da 23 cm/9 imburrata e cuocere in forno preriscaldato a 180°C/350°F/gas mark 4 per 40 minuti fino a quando non diventa elastico al tatto.

Nel frattempo portate a bollore la panna, poi aggiungete il cioccolato tritato e mescolate fino a farlo sciogliere. Lasciare raffreddare. Quando la torta sarà cotta e raffreddata, affettatela orizzontalmente e farcitela con metà della crema al cioccolato. Spalmare sopra il resto e decorare con scaglie di cioccolato sbriciolato.

Torta Italiana Al Cioccolato

Fa una torta di 23 cm/9

100 g/4 oz/½ tazza di burro o margarina

225 g/8 oz/1 tazza di zucchero di canna morbido

30 ml/2 cucchiai di cacao (cioccolato non zuccherato) in polvere

3 uova, ben sbattute

75 g/3 oz/¾ tazza di cioccolato fondente (semidolce)

150 ml/4 fl oz/½ tazza di acqua bollente

400 g/14 oz/3½ tazze di farina (per tutti gli usi)

5 ml/1 cucchiaino di lievito per dolci

Un pizzico di sale

10 ml/2 cucchiaini di essenza di vaniglia (estratto)

175 ml/6 fl oz/¾ tazza di crema singola (leggera)

150 ml/¼ pt/2/3 tazza di panna doppia (pesante)

Montare a crema il burro o la margarina, lo zucchero e il cacao. Sbattere gradualmente le uova. Sciogliere il cioccolato nell'acqua bollente, quindi aggiungere al composto. Mescolare la farina, il lievito e il sale. Sbattere l'essenza di vaniglia e la panna. Versare in due tortiere (teglie) da 23 cm/9 imburrate e foderate e cuocere in forno preriscaldato a 180°C/350°F/gas mark 4 per 25 minuti fino a quando saranno ben lievitate ed elastiche al tatto. Lasciare raffreddare negli stampini per 5 minuti, quindi capovolgere su una gratella per completare il raffreddamento. Sbattere la doppia panna a neve, quindi utilizzare per avvolgere le torte insieme.

Torta Ghiacciata Nocciole Al Cioccolato

Fa una torta di 23 cm/9

150 g/5 oz/1¼ tazze di nocciole, senza pelle

225 g/8 oz/1 tazza di zucchero semolato

15 ml/1 cucchiaio di caffè istantaneo in polvere

60 ml/4 cucchiai di acqua

175 g/6 oz/1½ tazze di cioccolato fondente (semidolce), spezzato

5 ml/1 cucchiaino di essenza di mandorle (estratto)

100 g/4 oz/½ tazza di burro o margarina, ammorbidito

8 uova, separate

45 ml/3 cucchiai di biscotto digestivo (Graham cracker) di briciole

Per la glassa (glassa):

175 g/6 oz/1½ tazze di cioccolato fondente (semidolce), spezzato

60 ml/4 cucchiai di acqua

15 ml/1 cucchiaio di caffè istantaneo in polvere

225 g/8 oz/1 tazza di burro o margarina, ammorbidito

3 tuorli d'uovo

175 g/6 oz/1 tazza di zucchero a velo (confettieri)

Cioccolato grattugiato per decorare (facoltativo)

Tostare le nocciole in una padella asciutta fino a quando non saranno leggermente dorate, scuotendo di tanto in tanto la padella, quindi tritare fino a ottenere una consistenza abbastanza fine. Mettere da parte 45 ml/3 cucchiai per la glassa.

Sciogliere lo zucchero e il caffè nell'acqua a fuoco basso, mescolando per 3 minuti. Togliere dal fuoco e incorporare il cioccolato e l'essenza di mandorle. Mescolare fino a quando non si sarà sciolto e liscio, quindi lasciare raffreddare leggermente. Montare il burro o la margarina fino a ottenere un composto chiaro e spumoso, quindi incorporare gradualmente i tuorli d'uovo. Unire le nocciole e i biscotti sbriciolati. Montare gli albumi a neve ben ferma, quindi incorporarli al composto. Mettere un cucchiaio in due tortiere (teglie) da 23 cm/9 imburrate e foderate e cuocere in forno preriscaldato a 180°C/350°F/gas mark 4 per 25 minuti fino a quando la torta inizia a ritirarsi dai lati della tortiera e si sente elastico al tatto.

Per preparare la glassa, sciogliere il cioccolato, l'acqua e il caffè a fuoco basso, mescolando fino ad ottenere un composto omogeneo. Lasciare raffreddare. Montare il burro o la margarina fino a quando non diventa chiaro e spumoso. Incorporare gradualmente i tuorli d'uovo, quindi il composto di cioccolato. Sbattere lo zucchero a velo. Raffreddare fino a ottenere una consistenza spalmabile.

Avvolgere le torte insieme a metà della glassa, quindi distribuire metà del resto intorno ai lati della torta e premere le nocciole riservate attorno ai lati. Coprire la parte superiore della torta con uno strato sottile di glassa e creare delle rosette di glassa lungo il bordo. Decorate a piacere con cioccolato grattugiato.

Torta Italiana al Cioccolato e Crema di Brandy

Fa una torta di 23 cm/9

400 g/3½ tazze di cioccolato fondente (semidolce)

400 ml/14 fl oz/1¾ tazze di panna doppia (pesante)

600 ml/1 pt/2½ tazze di caffè nero forte freddo

75 ml/5 cucchiai di brandy o Amaretto

400 g/14 oz di savoiardi

Sciogliere il cioccolato in una ciotola resistente al calore posta sopra una pentola di acqua bollente. Togliete dal fuoco e lasciate raffreddare. Nel frattempo montate la panna a neve. Montare il cioccolato nella crema. Mescolare insieme il caffè e il brandy o l'Amaretto. Immergere un terzo dei savoiardi nel composto per inumidirli e utilizzare per rivestire una tortiera (stampo) da 23 cm/9 con fondo di alluminio. Spalmare con metà della crema. Inumidite e aggiungete un altro strato di savoiardi, poi la restante crema e infine i restanti biscotti. Far raffreddare bene prima di togliere dallo stampo per servire.

Torta a strati di cioccolata

Fa una torta di 20 cm/8 in

75 g/3 oz/¾ tazza di cioccolato fondente (semidolce)

175 g/6 oz/¾ tazza di burro o margarina, ammorbidito

175 g/6 oz/¾ tazza di zucchero semolato (superfino)

3 uova, leggermente sbattute

150 g/5 oz/1¼ tazze di farina autolievitante (autolievitante)

25 g/1 oz/¼ tazza di cacao (cioccolato non zuccherato) in polvere

Per la glassa (glassa):

175 g/6 oz/1 tazza di zucchero a velo (confettieri)

50 g/2 oz/½ tazza di cacao (cioccolato non zuccherato) in polvere

175 g/6 oz/¾ tazza di burro o margarina, ammorbidito

Cioccolato grattugiato per decorare

Sciogliere il cioccolato in una ciotola resistente al calore posta sopra una pentola di acqua bollente. Lasciar raffreddare leggermente. Sbattere il burro o la margarina e lo zucchero fino a ottenere un composto chiaro e spumoso. Sbattere gradualmente le uova, quindi incorporare la farina e il cacao e il cioccolato fuso. Versare il composto in una tortiera (stampo) da 20 cm imburrata e foderata e cuocere in forno preriscaldato a 180°C/350°F/gas mark

4 per 1¼ ore fino a quando non diventa elastico al tatto. Lasciare raffreddare.

Per preparare la glassa, sbattere lo zucchero a velo, il cacao e il burro o la margarina fino a ottenere una glassa spalmabile. Quando la torta è fredda, tagliarla orizzontalmente in tre e utilizzare due terzi della glassa per unire i tre strati. Spalmate sopra la restante glassa, segnate un motivo con una forchetta e decorate con cioccolato grattugiato.

Torta Becky

Fa una torta di 20 cm/8 in

200 g/7 oz/1¾ tazze di farina normale (per tutti gli usi)

30 ml/2 cucchiai di cacao (cioccolato non zuccherato) in polvere

5 ml/1 cucchiaino di bicarbonato di sodio (bicarbonato di sodio)

5 ml/1 cucchiaino di lievito per dolci

150 g/5 oz/2/3 tazza di zucchero semolato (superfino)

30 ml/2 cucchiai di sciroppo d'oro (mais chiaro)

2 uova, leggermente sbattute

150 ml/¼ pt/2/3 tazza di olio

150 ml/¼ pt/2/3 tazza di latte

150 ml/¼ pt/2/3 tazza doppia (pesante) o panna da montare, montata

Sbattere tutti gli ingredienti tranne la panna in una pastella. Versare in due tortiere (teglie) da 20 cm unte e foderate e cuocere in forno preriscaldato a 160°C/325°F/gas mark 3 per 35 minuti fino a quando saranno ben lievitate ed elastiche al tatto. Lasciar raffreddare, quindi farcire un panino con la panna montata.

Torta Moka

Fa una torta di 23 x 30 cm/9 x 12

450 g/1 lb/2 tazze di zucchero semolato (superfino)

225 g/8 oz/2 tazze di farina normale (per tutti gli usi)

75 g/3 oz/¾ tazza di cacao (cioccolato non zuccherato) in polvere

10 ml/2 cucchiaini di bicarbonato di sodio (bicarbonato di sodio)

5 ml/1 cucchiaino di lievito per dolci

Un pizzico di sale

120 ml/4 fl oz/½ tazza di olio

250 ml/8 fl oz/1 tazza di caffè nero caldo

250 ml/8 fl oz/1 tazza di latte

2 uova, leggermente sbattute

Mescolare gli ingredienti secchi e fare una fontana al centro. Incorporare gli altri ingredienti e mescolare fino a quando gli ingredienti secchi non saranno stati assorbiti. Mettere un cucchiaio in una tortiera da 23 x 30 cm/9 x 12 imburrata e infarinata e cuocere in forno preriscaldato a 180°C/ 350°F/gas segnare 4 per 35-40 minuti fino a quando uno stecchino non si inserisce al centro esce pulito.

Torta Charlie

Fa una torta di 20 cm/8 in

225 g/8 oz/2 tazze di cioccolato fondente (semidolce)

225 g/8 oz/1 tazza di burro o margarina

225 g/8 oz/1 tazza di zucchero semolato (superfino)

4 uova, leggermente sbattute

15 ml/1 cucchiaio di amido di mais (amido di mais)

Sciogliere il cioccolato e il burro o la margarina in una ciotola resistente al calore posta su una pentola di acqua bollente. Togliere dal fuoco e incorporare lo zucchero fino a quando non si sarà sciolto, quindi sbattere le uova e la maizena. Versare il cucchiaio in una tortiera (teglia) da 20 cm imburrata e infarinata e posizionare la tortiera in una teglia contenente acqua calda sufficiente a raggiungere la metà dei lati della tortiera. Cuocere in forno preriscaldato a 180°C/350°F/gas mark 4 per 1 ora. Togliere dal vassoio d'acqua e lasciare raffreddare nello stampo, quindi raffreddare fino al momento di sformare e servire.

Torta croccante

Fa una torta di 23 cm/9

75 g/3 oz/¾ tazza di briciole di biscotto allo zenzero (biscotto)

75 g/3 oz/¾ tazza di biscotti digestivi (cracker di Graham) briciole

50 g/2 oz/¼ tazza di burro o margarina, sciolto

300 g/11 oz di marshmallow

90 ml/6 cucchiai di latte

2,5 ml/½ cucchiaino di noce moscata grattugiata

60 ml/4 cucchiai di rum o brandy

20 ml/4 cucchiaini di caffè nero forte

450 g/l lb/4 tazze di cioccolato fondente (semidolce)

450 ml/¾ pt/2 tazze di panna doppia (pesante)

Unire le briciole di biscotto al burro fuso e premere sul fondo di una tortiera (stampo) da 23 cm/9 imburrata. Freddo.

Sciogliere i marshmallow con il latte e la noce moscata a fuoco basso. Togliete dal fuoco e lasciate raffreddare. Unire il rum o il brandy e il caffè. Nel frattempo, sciogliere tre quarti del cioccolato in una ciotola resistente al calore posta su una pentola di acqua bollente. Togliete dal fuoco e lasciate raffreddare. Montare la panna a neve. Incorporare il cioccolato e la panna al composto di marshmallow. Versate sulla base e livellate la superficie. Coprire la pellicola trasparente (involucro di plastica) e raffreddare per 2 ore fino a quando non si è rappresa.

Sciogliere il cioccolato rimanente in una ciotola resistente al calore posta su una pentola di acqua bollente. Stendere il cioccolato sottilmente su una teglia (biscotto) e raffreddare fino quasi a rapprendersi. Passare un coltello affilato sul cioccolato per tagliarlo a riccioli e usarlo per decorare la parte superiore della torta.

Torta Di Noci Al Cioccolato

Fa una torta di 20 cm/8 in

175 g/6 oz/1½ tazze di mandorle tritate

175 g/6 oz/¾ tazza di zucchero semolato (superfino)

4 uova, separate

5 ml/1 cucchiaino di essenza di vaniglia (estratto)

175 g/6 oz/1½ tazze di cioccolato fondente (semidolce), grattugiato

15 ml/1 cucchiaio di noci miste tritate

Mescolare le mandorle tritate e lo zucchero, quindi incorporare i tuorli, l'essenza di vaniglia e il cioccolato. Montare gli albumi a neve ben ferma, quindi incorporarli al composto di cioccolato aiutandosi con un cucchiaio di metallo. Versare in una tortiera (stampo) imburrata e foderata di 20 cm/8 e cospargere con le noci tritate. Cuocere in forno preriscaldato a 190°C/375°F/gas mark 5 per 25 minuti fino a quando saranno ben lievitati ed elastici al tatto.

Torta Ricca Al Cioccolato

Per una torta da 900 g/2 libbre

200 g/7 oz/1¾ tazze di cioccolato fondente (semidolce)

15 ml/1 cucchiaio di caffè nero forte

225 g/8 oz/1 tazza di burro o margarina, ammorbidito

225 g/8 oz/1 tazza di zucchero semolato

4 uova

225 g/8 oz/2 tazze di farina normale (per tutti gli usi)

5 ml/1 cucchiaino di lievito per dolci

Sciogliere il cioccolato con il caffè in una ciotola resistente al calore posta sopra una pentola di acqua bollente. Nel frattempo, sbattere insieme il burro o la margarina e lo zucchero fino a ottenere un composto chiaro e spumoso. Aggiungere gradualmente le uova, sbattendo bene dopo ogni aggiunta. Incorporare il cioccolato fuso, quindi incorporare la farina e il lievito. Versare il composto in uno stampo da plumcake da 900 g unto e foderato e cuocere in forno preriscaldato a 190°C/375°F/gas mark 5 per circa 1 ora fino a quando uno stecchino inserito al centro non esce pulito . Se necessario, coprite la parte superiore con un foglio o carta da forno (cerata) per gli ultimi 10 minuti di cottura per evitare che anneriscano troppo.

Torta Cioccolato, Noci e Ciliegie

Fa una torta di 20 cm/8 in

225 g/8 oz/1 tazza di burro o margarina, ammorbidito

225 g/8 oz/1 tazza di zucchero semolato (superfino)

4 uova

Qualche goccia di essenza di vaniglia (estratto)

225 g/8 oz/2 tazze di farina di segale

225 g/8 oz/2 tazze di nocciole macinate

45 ml/3 cucchiai di cacao (cioccolato non zuccherato) in polvere

10 ml/2 cucchiaini di cannella in polvere

5 ml/1 cucchiaino di lievito per dolci

900 g di ciliegie snocciolate (denocciolate)

Zucchero a velo (confettieri) per spolverare

Montare il burro o la margarina e lo zucchero fino a ottenere un composto chiaro e spumoso. Sbattere gradualmente le uova, una alla volta, quindi incorporare l'essenza di vaniglia. Mescolare la farina, le noci, il cacao, la cannella e il lievito, quindi unire al composto e impastare fino ad ottenere un impasto morbido. Stendere l'impasto su una superficie leggermente infarinata a un diametro di 20 cm/8 e premere delicatamente in una tortiera (teglia) unta. Adagiate sopra le ciliegie. Cuocere in forno preriscaldato a 200°C/400°F/gas mark 6 per 30 minuti finché non diventa elastico al tatto. Sfornare e far raffreddare, quindi spolverare con zucchero a velo prima di servire.

Torta Al Cioccolato Al Rum

Fa una torta di 20 cm/8 in

100 g/4 oz/1 tazza di cioccolato fondente (semidolce)

15 ml/1 cucchiaio di rum

3 uova

100 g/4 oz/½ tazza di zucchero semolato (superfino)

25 g/1 oz/¼ tazza di amido di mais (amido di mais)

50 g/2 oz/½ tazza di farina autolievitante (autolievitante)

Sciogliere il cioccolato con il rum in una ciotola resistente al calore posta sopra una pentola di acqua bollente. Sbattere le uova e lo zucchero fino a ottenere un composto chiaro e spumoso, quindi incorporare la maizena e la farina. Incorporare la miscela di cioccolato. Versare in una tortiera (stampo) da 20 cm imburrata e infarinata e cuocere in forno preriscaldato a 190°C/375°F/gas mark 5 per 10-15 minuti fino a quando non diventa elastica al tatto.

Dolce Al Cioccolato

Fa una torta di 20 cm/8 in

100 g/4 oz/1 tazza di farina (per tutti gli usi))

10 ml/2 cucchiaini di lievito per dolci

Un pizzico di bicarbonato di sodio (bicarbonato di sodio)

50 g/2 oz/½ tazza di cacao (cioccolato non zuccherato) in polvere

225 g/8 oz/1 tazza di zucchero semolato (superfino)

120 ml/4 fl oz/½ tazza di olio di mais

120 ml/4 fl oz/½ tazza di latte

150 ml/¼ pt/2/3 tazza di panna doppia (pesante)

100 g/4 oz/1 tazza di cioccolato fondente (semidolce)

Mescolare insieme la farina, il lievito, il bicarbonato e il cacao. Incorporare lo zucchero. Mescolare l'olio e il latte e incorporare gli ingredienti secchi fino ad ottenere un composto omogeneo. Versare in due tortiere (teglie) da 20 cm unte e foderate e cuocere in forno preriscaldato a 180°C/350°F/gas mark 3 per 40 minuti fino a quando non diventano elastiche al tatto. Sformare su una gratella a raffreddare.

Montare la panna a neve. Conserva 30 ml/2 cucchiai e usa il resto per avvolgere le torte insieme. Sciogliere il cioccolato e la panna conservata in una ciotola resistente al calore posta su una pentola di acqua bollente. Versateci sopra la torta e lasciate rapprendere.

Torta di Carrube e Noci

Per una torta di 18 cm/7

175 g/6 oz/¾ tazza di burro o margarina, ammorbidito

100 g/4 oz/½ tazza di zucchero di canna morbido

4 uova, separate

75 g/3 oz/¾ tazza di farina normale (per tutti gli usi)

25 g/1 oz/¼ tazza di carruba in polvere

Un pizzico di sale

Buccia finemente grattugiata e succo di 1 arancia

175 g/6 oz barrette di carruba

100 g/4 oz/1 tazza di noci miste tritate

Montare 100 g/4 oz/½ tazza di burro o margarina con lo zucchero fino a ottenere un composto chiaro e spumoso. Sbattere gradualmente i tuorli d'uovo, quindi incorporare la farina, la polvere di carruba, il sale, la scorza d'arancia e 15 ml/1 cucchiaio di succo d'arancia. Versate il composto in due tortiere (teglie) imburrate e foderate da 18 cm/7 e cuocete in forno preriscaldato a 180°C/350°F/gas mark 4 per 20 minuti fino a quando risulta elastico al tatto. Togliete dagli stampini e lasciate raffreddare.

Sciogliere la carruba con il succo d'arancia rimasto in una ciotola resistente al calore posta sopra una pentola di acqua bollente.

Togliere dal fuoco e sbattere il burro o la margarina rimanenti. Lasciar raffreddare leggermente, mescolando di tanto in tanto. Unire le torte raffreddate a un panino con metà della glassa e spalmare il resto sulla superficie. Segnare in un motivo con una forchetta e cospargere con le noci per decorare.

Rotolo di Natale alle carruba

Per un rotolo da 20 cm/8 in

3 uova grandi

100 g/4 oz/1/3 tazza di miele chiaro

75 g/3 oz/¾ tazza di farina integrale (integrale)

25 g/1 oz/¼ tazza di carruba in polvere

20 ml/4 cucchiaino di acqua calda

Per il ripieno:

175 g/6 oz/¾ tazza di crema di formaggio

Qualche goccia di essenza di vaniglia (estratto)

5 ml/1 cucchiaino di caffè in grani, sciolto in poca acqua calda

30 ml/2 cucchiai di miele chiaro

15 ml/1 cucchiaio di polvere di carruba

Sbattere insieme le uova e il miele fino a che non si addensano. Incorporate la farina e le carrube, poi l'acqua calda. Versare in uno stampo per rotolo svizzero da 30 x 20 cm/12 x 8 imburrato e foderato (teglia per gelatina) e cuocere in forno preriscaldato a 220°C/425°F/gas mark 7 per 15 minuti fino a quando non diventa elastico al tatto. Sformare su un pezzo di carta oleata (cerata) e tagliare i bordi. Arrotolare dalla parte più corta, aiutandosi con la carta, e lasciar raffreddare.

Per preparare il ripieno, sbattere tutti gli ingredienti insieme. Srotolate la torta e togliete la carta. Spalmare metà del ripieno sulla torta, fin quasi ai bordi, quindi arrotolare nuovamente. Distribuire il ripieno rimanente sulla superficie e segnare con i rebbi di una forchetta un motivo a corteccia.

Torta Di Semi Di Cumino

Per una torta di 18 cm/7

225 g/8 oz/1 tazza di burro o margarina, ammorbidito

225 g/8 oz/1 tazza di zucchero semolato (superfino)

4 uova, separate

225 g/8 oz/2 tazze di farina autolievitante (autolievitante)

25 g/1 oz/¼ tazza di semi di cumino

2,5 ml/½ cucchiaino di cannella in polvere

2,5 ml/½ cucchiaino di noce moscata grattugiata

Montare il burro o la margarina e lo zucchero fino a ottenere un composto chiaro e spumoso. Sbattere i tuorli e aggiungerli al composto, quindi incorporare la farina, i semi e le spezie. Montare gli albumi a neve ben ferma, quindi incorporarli al composto. Versare il composto in una tortiera da 18 cm/ 7 imburrata e infarinata (teglia) e cuocere in forno preriscaldato a 180°C/350°F/gas mark 4 per 1 ora fino a quando uno stecchino inserito al centro non esce pulito.

Torta Di Riso Alle Mandorle

Fa una torta di 20 cm/8 in

225 g/8 oz/1 tazza di burro o margarina, ammorbidito

225 g/8 oz/1 tazza di zucchero semolato (superfino)

3 uova, sbattute

100 g/4 oz/1 tazza di farina (per tutti gli usi))

75 g/3 oz/¾ tazza di farina autolievitante (autolievitante)

75 g/3 oz/¾ tazza di riso macinato

2,5 ml/½ cucchiaino di essenza di mandorle (estratto)

Montare il burro o la margarina e lo zucchero fino a ottenere un composto chiaro e spumoso. Sbattere le uova poco alla volta. Incorporare le farine e il riso macinato e incorporare l'essenza di mandorle. Versare in una tortiera (stampo) da 20 cm imburrata e foderata e cuocere in forno preriscaldato a 150°C/300°F/gas mark 2 per 1¼ ore fino a quando non diventa elastico al tatto. Raffreddare nello stampo per 10 minuti prima di sformare su una gratella per completare il raffreddamento.

Torta Irlanda

Fa una torta di 20 cm/8 in

225 g/8 oz/1 tazza di burro o margarina, ammorbidito

225 g/8 oz/1 tazza di zucchero di canna morbido

2 uova, leggermente sbattute

350 g/12 oz/3 tazze di farina integrale (integrale)

10 ml/2 cucchiaini di lievito per dolci

5 ml/1 cucchiaino di spezie miste (torta di mele) macinate

150 ml/¼ pt/2/3 tazza di birra scura

175 g/6 oz/1 tazza di ribes

175 g/6 oz/1 tazza di uva sultanina (uvetta dorata)

50 g/2 oz/1/3 tazza di uvetta

100 g/4 oz/1 tazza di noci miste tritate

Buccia grattugiata di 1 arancia grande

Montare il burro o la margarina e lo zucchero fino a ottenere un composto chiaro e spumoso. Sbattere gradualmente le uova, sbattendo bene dopo ogni aggiunta. Mescolare la farina, il lievito e le spezie e incorporarli gradualmente alla crema alternata alla birra scura, quindi incorporare la frutta, le noci e la scorza d'arancia. Versare in una tortiera (stampo) da 20 cm imburrata e foderata e cuocere in forno preriscaldato a 150°C/300°F/gas mark 2 per 2¼ ore fino a quando uno stecchino inserito al centro non esce pulito. Lasciare raffreddare nello stampo per 30 minuti, quindi capovolgere su una gratella per completare il raffreddamento.

Torta Battenburg

Per una torta di 18 cm/7

175 g/6 oz/¾ tazza di burro o margarina, ammorbidito

175 g/6 oz/¾ tazza di zucchero semolato (superfino)

3 uova, leggermente sbattute

225 g/8 oz/2 tazze di farina autolievitante (autolievitante)

Qualche goccia di essenza di vaniglia (estratto)

Qualche goccia di essenza di lampone (estratto) Per la glassa (glassa):

15 ml/1 cucchiaio di marmellata di lamponi (conserva), setacciata (filtrata)

225 g/8 oz pasta di mandorle

Qualche ciliegia glacé (candita)

Montare insieme il burro o la margarina e lo zucchero. Sbattere gradualmente le uova, quindi incorporare la farina e l'essenza di vaniglia. Dividere il composto a metà e in una metà mescolare l'essenza di lampone. Imburrare e foderare una tortiera quadrata da 18 cm/7 e dividere la tortiera a metà piegando della carta da forno (cerata) al centro della tortiera. Versare ogni composto in una metà dello stampo e cuocere in forno preriscaldato a 180°C/350°F/gas mark 4 per circa 50 minuti fino a quando non diventa elastico al tatto. Raffreddare su una gratella.

Rifilate i bordi della torta e tagliate ogni pezzo a metà nel senso della lunghezza. Metti insieme un pezzo rosa e un pezzo di vaniglia sul fondo e un pezzo di vaniglia e un rosa sulla parte superiore, usando un po' di marmellata per fissarli insieme. Spennellare l'esterno della torta con la marmellata rimasta. Stendere la pasta di mandorle in un rettangolo di circa 18 x 38 cm/7 x 15 pollici. Premere intorno alla parte esterna della torta e tagliare i bordi. Decorate la superficie con ciliegie glassate.

Torta contadina

Fa una torta di 23 cm/9

225 g/8 oz/8 fette di pane spesse

300 ml/½ pt/1¼ tazze di latte

350 g/12 oz/2 tazze di frutta secca mista (mix per torte alla frutta)

50 g/2 oz/¼ tazza di scorze miste (candite) tritate

1 mela, sbucciata, privata del torsolo e grattugiata

45 ml/3 cucchiai di zucchero di canna morbido

30 ml/2 cucchiai di marmellata

45 ml/3 cucchiai di farina autolievitante (autolievitante)

2 uova, leggermente sbattute

5 ml/1 cucchiaino di succo di limone

10 ml/2 cucchiaini di cannella in polvere

100 g/4 oz/½ tazza di burro o margarina, sciolto

Immergere il pane nel latte fino a renderlo molto morbido.
Mescolare tutti gli altri ingredienti tranne il burro o la margarina.
Mescolare metà del burro o della margarina, quindi versare il
composto in una tortiera quadrata da 23 cm/9 imburrata e
versarvi sopra il burro o la margarina rimanenti. Cuocere in forno
preriscaldato a 150°C/300°F/gas mark 3 per 1 ora e mezza, quindi

aumentare la temperatura del forno a 180°C/350°F/gas mark 4 e cuocere per altri 30 minuti. Lasciar raffreddare nello stampo.

Lightning Source UK Ltd.
Milton Keynes UK
UKHW020626210621
385893UK00013B/1269